मन के मौसम

मन की खिड़कियों पर टिके अनकहे मौसम

Aradhana Pandya

BookLeaf Publishing
India | USA | UK

Made with ❤ on the BookLeaf Publishing Platform
www.bookleafpub.in
www.bookleafpub.com

Dedication

इस पुस्तक को समर्पित है उन सभी लोगों के लिए,
जिन्होंने जीवन के बदलते मौसमों में
अपने मन की हल्की-सी रौशनी कभी न खोई।
उनकी हिम्मत, उनकी संवेदनशीलता और उनके अनुभव
मेरे शब्दों की सबसे बड़ी प्रेरणा हैं।

Preface

कभी-कभी लगता है कि मन भी कोई छोटा-सा गाँव है।
जहाँ मौसम बिना बताए बदल जाते हैं
कभी धूप की तरह फैल जाते हैं,
कभी बारिश की तरह चुपचाप टपकते रहते हैं।
यह कविताओं का संग्रह उन छोटे-छोटे अनुभवों का दस्तावेज़ है
जो हम रोज़मर्रा की जिंदगी में महसूस करते हैं,
लेकिन शब्दों में व्यक्त नहीं कर पाते।
"मन के मौसम" में हर कविता एक छोटा सा रास्ता है
जो आत्मा के अंदर चलकर हमारे भीतर की दुनिया को दिखाती है।
कभी हल्की हँसी, कभी चुप्पी, कभी उम्मीद, कभी टूटने की भावनाएँ...
सब यहाँ मौजूद हैं।
इस किताब के पन्नों में आप पाएँगे
मन की बदलती ऋतुओं की आवाज़,
अनकहे एहसासों की खुशबू,
और जीवन के छोटे-छोटे उजाले।
मुझे उम्मीद है कि यह संग्रह आपके दिल को छू पाएगा
और आपके अपने "मन के मौसम" को महसूस करवा पाएगा।

Acknowledgements

इस पुस्तक के निर्माण में जिन लोगों ने मेरा मार्गदर्शन और सहयोग किया,

उनके लिए मेरा हार्दिक धन्यवादः

- परिवार और मित्र, जिन्होंने मेरी कविताओं को पढ़ा, समझा और प्रेरित किया।
- उन शिक्षकों और लेखकों का, जिन्होंने मुझे शब्दों के महत्व को समझाया।
- पाठकगण, जिनकी संवेदनशीलता और प्रेम ही इन कविताओं का असली मकसद है।
- और सबसे ज़रूरी, मेरे मन के उन मौसमों का, जिन्होंने मुझे लिखने की प्रेरणा दी।

आप सबकी वजह से ही यह पुस्तक अस्तित्व में आई है।

शब्द कभी अकेले नहीं चलते—वे हम सबके साथ चलते हैं।

1. अंतिम समझौता

शहर की तंग गलियों से गुज़रते हुए
कुछ ख्याल मेरे ज़हन में दौड़ रहे थे।

गुलाबी सर्दी, रात की ठंडी हवा
एक धीमी-सी सरगम की तरह
मेरे चेहरे से टकरा रही थी
हर मोड़ पर शोर, हर नुक्कड़ पर एक सवाल।

वह मन के अंदर के उजालों और अंधेरों
का शोर होते हैं।

सवाल कुछ यूँ होते हैं कि, क्यों
अपने ही मन की रणभूमि में खड़ा होकर
खुद से सुलह कर लेना आसान नहीं है?
क्यों मन को हर बार कटघरे में असहाय
खड़ा होना पड़ता है?

एक अर्जुन उम्मीदों का,
एक कर्ण ख्वाहिशों का।
दोनों ही सही-गलत के कटघरे में खड़े

अपने-अपने सही होने का हिसाब मांगते हैं।

और मन की यह जंग धनुषबाण से नहीं
ख्वाहिशों से लड़ी जाती है

जहाँ फ़तेह उसी की है
जो अर्जुन और कर्ण दोनों को अपना कर,
आखिरकार खुद से ही सुलह कर लेते हैं।

2. चुप्पियों का आश्रय

तलाश-ए-सुकूँ में
यूँ बैठे हैं बंदे,
कि ईश्वर भी पूछे–
क्या चाहिए तुझे मेरे सिवा?

जब रूह ने दुनिया की गर्द से आँखें उठाईं
तब मैंने भी अपने आप को
मंदिर की सीढ़ियों पर
सुकून की तलाश में बैठा पाया।

यह जगह...
मेरी रोज़मर्रा की भागदौड़ के बीच
एक छोटी-सी पनाहगाह है।

अक्सर, जब दिल थक जाता है,
जब दबे-दबे एहसास
सीने में भीड़ करने लगते हैं,
तो मेरे कदम
अपने आप यहीं चली आते हैं–

मंदिर की इन शांत सीढ़ियों पर।

धूप का एक टुकड़ा
मेरे कंधे पर आकर टिक गया है,
जैसे कोई पुराना दोस्त
बिना बोले साथ आकर बैठा हो।

ना कोई सवाल, ना कोई उम्मीद,
बस एक नरम-सी शांति हो।

यहाँ की शांति यही सिखा जाती है।
कि सुकून कोई मंज़िल नहीं...
वो एक प्याला है
जिसे हम खुद ही भरते हैं
अपनी ही खामोशियों से
और अपने ही खोए हुए पलों से।

यहीं बैठकर दिल को
रुक-रुक कर एहसास मिलता है
कि सुकून कभी बाहर नहीं—
यहीं है...
इन्हीं सीढ़ियों पर,
इन्हीं लम्हों में,
मेरे भीतर।

3. ख़त

इस नए ज़माने में कुछ तो पुराना-सा रखें,
वो साइकिल की महज़ ट्रिन-ट्रिन
दिल खुश करने का राग है जो,
क्यों न नज़रें फिर दरवाज़े पर टिकाए रखें।

वो खाकी वर्दी पहने डाक बाबू को देख
मुस्कुराना जारी रखें।

खुशी के ख़त पढ़कर
हल्की धूप, बरामदे में एक कप चाय
और डाक बाबू के साथ बतियाना जारी रखें।

क्यों न फिर उन ख़तों को दराज़ में संभालकर रखें।
कभी प्रश्नों की बौछार, तो कभी प्यार और दुलार
हम उन ख़तों में जारी रखें।

वो इंतज़ार जारी रखें
चलो फिर से वह खाकी वर्दी पहने डाक बाबू,
उनके साइकिल की ट्रिन-ट्रिन को बरक़रार रखें।

इस ज़माने में कुछ तो पुराना-सा रखें,
क्यों न ख़तों का वह सिलसिला ही जारी रखें।

4. धीमी वापसी

कुछ दिन ऐसे भी आते हैं,
जब सुबह खिड़की पर टँकी धूप भी अधूरी लगती है,
जब बालों को सँवारने का मन नहीं करता,
और काजल लगाना तो दूर,
आँखें ही थककर किसी सूनी खिड़की की तरह
बंद हो जाना चाहती हैं।

ये दिन बेवजह नहीं उतरते...
ये अंदरूनी मौसमों का बदलना होते हैं,
ये दिन भीतर की किसी थकान का इशारा होते हैं,
उन लड़ाइयों का, जो बाहर नहीं,
भीतर कहीं गहरी खामोशी में लड़ी जाती हैं।

इन दिनों में मन...
अपनी ही धड़कनों से डर जाता है।
पुराने घाव ताज़ा हो उठते हैं,
और नए सपने जन्म लेने से घबराते हैं।

इन दिनों में,
दिल किसी पुरानी डायरी की तरह खुला रहता है,

जिसमें आधे लिखे सपने,
और आधे मिटाए हुए डर
साथ बैठे नज़र आते हैं।

कभी लगता है,
मैं खुद से ही दूर चली गई हूँ,

पर फिर...
एक शाम,
चाय के कप से उठती भाप में,
कोई पुरानी हिम्मत पलटकर बैठ जाती है।
वो कहती है
"थक जाना भी जरूरी है...
ताकि राहों का मतलब फिर समझ आए।"

और फिर किसी दिन,
धीरे-धीरे
सब लौटने लगता है
हथेलियों में फिर से नमी लौट आती है,
आईने में अपनी ही आँखें पहचान में आने लगती हैं,
और काजल...
वही पुराना,
एक हल्की मुस्कान के साथ
कह देता है
"चल, फिर से शुरू करते हैं।"

फिर महसूस होता है

ये जो कुछ दिन बिना सजे-सँवरे निकल जाते हैं,
ये ही दिन असल में
हमें भीतर से तराशते हैं,
गिरने के बाद
थोड़ा और ऊँचा उठने का हुनर देते हैं।

और तब समझ आता है
खुद को खोना भी कभी-कभी जरूरी है,
क्योंकि वही रास्ता
खुद को वापस पाने तक जाता है।
दिल थोड़ा और गहरा,
थोड़ा और समझदार हो जाता है।

5. क्या व्यर्थ था?

वक़्त की रफ़्तार भी अजीब है,
कभी ठहर कर सांस ले लेती है,
कभी यूँ भागती है
कि पलकों की झपक में उम्रें बीत जाती हैं।

हम डरते रहते हैं,
कहीं ये लम्हा हाथ से फिसल न जाए,
कहीं कोई रिश्ता, कोई मौका,
समय के लिहाज़ से कम पड़ न जाए।

पर सच्चाई तो ये है,
जो चीज़ **समय पर न मिले**,
वो शायद उसी वक़्त की हक़दार भी न थी।
क्योंकि जो तुम्हारा है,
वो तुम्हें ठहरकर भी मिल लेता है
बिल्कुल उसी तरह,
जैसे बरसों की खामोशी के बाद
एक पुराना ख़त
अचानक डाकबक्से में आ गिरता है।

हमने देखा है,
बादलों का भी एक अपना मिज़ाज था
उन्हें बरसना था तो वे लौटे,
ठीक तब, जब धरती तैयार थी।

वक़्त के बीत जाने का डर छोड़ दो;
वक़्त कभी खोता नहीं,
बस चुनता है
किसे कब और कैसे मिलना है।

और जो चीज़
समय पर नहीं आई,
यक़ीन मानो,
वो सिर्फ़ कहानी का हिस्सा थी,
मंज़िल का नहीं।

6. धीमी गाँव की शाम

एक शाम, जो दिल से ज़्यादा
समय की कलाई पर टिकती है।

धीमी गाँव की शाम जैसी,
थोड़ी रूठी, थोड़ी थमी
जैसे बीते दिनों की ख़ुशबू
किसी पुराने आँगन से फिर उठी हो अभी।
जैसे वक्त भी अपनी रफ़्तार
थामकर हमारे पास बैठ गया हो।

कच्ची पगडंडियों पर
धूप का आख़िरी क़तरा ठहरा है,
और हवा
मानो किसी बूढ़े बरगद की दाढ़ी में उलझी
कहानी सुनाने को तैयार बैठी हो।

बरामदे में बैठे चार लोग,
चूल्हे पर बनी चाय का
सुकून-सा आनंद उठाते हुए
जैसे हर घूँट में

दिनभर की थकान पिघल रही हो,
और बातों की चिंगारी में
रिश्तों का धुआँ भी मीठा लगता हो।

चूल्हों से उठता धुआँ
फिर याद दिलाता है
कि शहरों की तेज़ रफ़्तार से बेहतर
यह गाँव की हल्की ठंडी हवा,
सूरज की लाल रोशनी में नहाई
शाम और दिन के बीच की वह नरम-सी घड़ी है

एक ऐसा मौसम,
जहाँ गुलाबी-सी सर्दी
धीरे से कंधों पर आ बैठती है,
और नेम-सी धूप
अपनी हथेली फैलाकर
थकान को सहला देती है।

उसी रोशनी में
नानी-दादी के रेडियो से
पुराने गाने बहते हैं,
और उनके गुनगुनाने की लय
दिल पर ऐसे गिरती है
जैसे किसी पुराने ज़ख्म पर
हल्की-सी ठंडी पट्टी रख दी हो।

आँगन में बैठकर

उनके सुरों के पीछे-पीछे
पूरी उम्र चलने लगती है
धीमी, गहरी, शांत।

और तभी...
दूर कच्ची सड़क से
साइकिल की *ट्रिन-ट्रिन*
ग़ालिब के किसी शेर की तरह
हवा में लहराती है।

डाक बाबू...
हाथ में चिट्ठियाँ लिए,
चेहरे पर वही पुरानी मुस्कान
जैसे कहते हों,
"लो, आज फिर किसी दिल की ख़बर लेकर आया हूँ।"

यह गाँव की शाम
नरम, ठहरी हुई, महकती
हमेशा याद दिलाती है
कि ज़िंदगी तेज़ होने से नहीं,
दिल से महसूस करने से खूबसूरत होती है।

7. जब दिल हाँ कह दे

हासिल से ज़्यादा
कभी कमी ने तो नहीं सिखाया हमें जीना?

कामयाबी को हम कैसे देखें,
ये सवाल तालियों का नहीं,
ये सवाल नज़र का है।

कामयाबी तो वो सच्चाई है
जो आप हर रात
ख़ुद से पूछते हैं।

बताइए,
अगर सब मिल गया
और नींद खो गई
तो क्या उसे कामयाबी कहेंगे?

किसी के लिए
ऊँची इमारतों की ऊँचाई कामयाबी है,
और किसी के लिए

शाम को घर लौटते वक़्त
दिल का हल्का होना।

लोग कहते हैं
नाम होना चाहिए,
दाम होना चाहिए।
मेरा मन कहता है
बस सुकून होना चाहिए।

जो भीड़ में खोकर भी
ख़ुद से मिल सके,
जो हार के बाद भी
आईने से नज़र मिला सके
शायद वही कामयाब है।

धीमी आवाज़ में ज़िंदगी फुसफुसाती है
"अगर मन मान गया,
तो दुनिया का मानना
ज़रूरी नहीं।"

कामयाबी वो नहीं
जो लोग देख लें,
कामयाबी वो है
जो आप अकेले में
महसूस कर सकें।

जब आईना पूछे

“आज ईमानदार थे तुम
अपने सपनों के साथ?”
और दिल कह दे
“हाँ”
बस वहीं ठहर जाती है
सारी दौड़।

क्योंकि
दुनिया की मंज़ूरी
वक़्त मांगती है,
और आत्मा की मंज़ूरी
हिम्मत।

बाक़ी सब तो
लोगों की राय है,
और राय...
वक़्त के साथ
बदल जाया करती है।

8. जहाँ कला जन्म लेती है

कला में
इंसान अपनी पहचान खोजता है,
या फिर
अपने अकेलेपन को
थोड़ी देर के लिए
ढक देता है?

जब कोई सुनने वाला न हो,
तो क्या रंग
हमारी बात सुन लेते हैं?

जब कोई समझने वाला न हो,
तो क्या
काग़ज़, क़लम, शब्द
हमारा हाथ पकड़ लेते हैं?

अगर दिल में ख़लिश न होती,
तो क्या कोई
इतनी शिद्दत से
कुछ रचता?

कला
अचानक पैदा नहीं होती,
ये तो उस ख़ामोशी से जन्म लेती है
जो बहुत कुछ कहकर भी
सुनी नहीं जाती।

कलाकार
कोई बना हुआ किरदार नहीं,
वो बस वो इंसान है
जो अपने भीतर की
भीड़ से डरता नहीं।

उसका ख़ालीपन
कमी नहीं होता,
वही जगह होती है
जहाँ शब्द
पहली साँस लेते हैं।

कलाकार
कला से मन शांत करता है,
हाँ...
पर शांति
कभी पूरी नहीं होती।

वो मिटाता नहीं है
अपने ख़ालीपन को,

वो उसे
रचने लगता है।

क्योंकि कुछ खालीपन
भरने के लिए नहीं,
समझने के लिए होते हैं।

और शायद
इसीलिए कला
हर इंसान में जन्म ले सकती है,
पर कलाकार
वही बनता है
जो अपने अंदर के सन्नाटे से
दोस्ती कर ले।

9. एक कप सुकून

चाय
एक शब्द नहीं,
एक एहसास है।

मन का वो कोना है
जहाँ थकान
आहिस्ता-आहिस्ता
खुद उतर जाती है।

चाय
इलाज है
दिन भर की भाग-दौड़ का,
अनकहे बोझ का,
और उन सवालों का
जिनके जवाब
ज़रूरी नहीं होते।

इसके नाम में ही
एक सुकून छुपा है,
दो पल का चैन,

जो बिना शर्त
मिल जाता है।

खिड़की के पास रखी कुर्सी,
ढलती रोशनी
और अख़बार की आधी पढ़ी सुर्ख़ियाँ
यहीं कहीं
ज़िंदगी थोड़ी देर
रुक कर साँस लेती है।

“थोड़ा ठहर जाओ।”
शाम की हल्की हवा में
दोस्तों के साथ बैठकर,
काम बिना काम की बातों में
घुल जाता है
और चाय
वक़्त बन जाती है।

हर घूँट में
एक लम्हा है,
हर लम्हे में
पूरा एहसास।

ये बस चाय नहीं है,
ये वो वक़्त है
जो हम ज़िंदगी से
थोड़ा-थोड़ा चुरा लेते हैं।

खुद के लिए,
अपने मानसिक सुकून के लिए,
दो पल की उस ख़ुशी के लिए
जिस पर दुनिया का
कोई हक़ नहीं होता।

इन दो पलों में
हम थकान भी जी लेते हैं,
और मुस्कुराना भी सीख लेते हैं।

शायद इसलिए
चाय इतनी ज़रूरी है
क्योंकि इन दो पलों में
हम पूरी ज़िंदगी का
मज़ा ले लेते हैं।

10. लक्ष्मी और धन

धन को गिनते रहे हम
तो हथेलियाँ थक गईं,
लक्ष्मी को समझने बैठे
तो मन की परतें खुल गईं।

धन तिजोरी में क़ैद रहा,
डर के पहरे में पला,
लक्ष्मी ने दरवाज़ा खटखटाया
जहाँ संतोष ने ठिकाना बना।

धन ने पूछा,
"मेरी क़ीमत क्या है?"
लक्ष्मी मुस्कुरा कर बोली
"जहाँ तू सब कुछ हो जाए,
वहीं मैं नहीं होती।"

धन ने घर बनाए,
पर नींद न दे सका,
लक्ष्मी आई
तो फटे तकिए पर भी

सपने सज गए।

धन शोर करता रहा,
मैं हूँ, मैं हूँ
लक्ष्मी ख़ामोशी से
जीवन में उतर गई।

धन साथ रहता है,
पर भरोसा नहीं करता;
लक्ष्मी भरोसा देती है,
पर बाँध कर नहीं रखती।

जो धन के पीछे भागा,
वो डर में जीता रहा,
जिसे लक्ष्मी मिली,
वो कम में भी
पूरा रहा।

धन होना इत्तेफ़ाक़ है,
लक्ष्मी होना
एक सलीका।

शायद इसी लिए
कहते हैं
धन कमाओ,
पर लक्ष्मी को
घर में आने दो।

क्योंकि
धन ज़रूरत है,
और लक्ष्मी
ज़िंदगी।

11. मर्द

कौन जाने,
वो कितनी रातें
अंधेरों में बैठा रहा,
अपने भीतर की ताबूत खोलकर,
हर डर, हर शिकवा, हर घाव से लड़ता रहा।

किसी ने नहीं देखा,
जब उसने हँसकर दुनिया को धोखा दिया,
पर आँखों में
रक्त और धूल की कहानियाँ बसी थीं,
किसी के समझ से दूर।

वो चुपचाप लड़ता है,
अपने टूटते अरमानों से,
अपने दबते सपनों से,
उस दर्द से जो उसने खुद से भी छुपाया।

किसी ने नहीं जाना,
कितनी बार उसने खुद को मिटाया,
कितनी बार खामोशी में रोया,

फिर भी उठ खड़ा हुआ,
हर सुबह,
एक और अंतहीन जंग के लिए।

12. माँ–पिता

माँ ने कहा था
"भूख लगे तो झूठ मत बोलना,"
और मैं
ज़िंदगी भर
इच्छाओं को
ईमानदारी से
भूखा रखती रही

पिता ने कहा था
"सर उठाकर चलना,"
और मैंने
हर मोड़ पर
गिरते-गिरते भी
रीढ़ सीधी रखी।

माँ ने
अपने हिस्से की थकान
रात के अँधेरे में रख दी,
और सुबह
इस्त्री किए कपड़ों में

मुस्कान टाँक दी।

माँ–पिता...
वो डरते हैं,
घबराते हैं,
टूटते हैं
बस हमें पता नहीं चलने देते।

माँ की चुप्पी में
पूरे घर की आवाज़ हैं,
पिता की ख़ामोशी में
भविष्य का शोर।

हम बड़े हुए,
तो एहसास हुआ
उनकी ज़िंदगी
कभी हमारी नहीं थी,
पर हमारी ज़िंदगी
पूरी की पूरी
उनकी थी।

आज जब
अपने लिए जीना सीख रहे हैं,
तो समझ आता है
माँ–पिता
वो लोग हैं
जिन्होंने

अपने हिस्से की ज़िंदगी
हमारे नाम
कर दी।

और यही सच है
कुछ क़र्ज़
उतारे नहीं जाते,
सिर्फ़ याद रखे जाते हैं
जिन्हें चुकाने की
कोई आख़िरी तारीख़
नहीं होती।

13. ठहराव

कभी-कभी मन
बहुत ज़्यादा थक जाता है,
ऐसी थकान
जो नींद से नहीं उतरती।

ऐसी थकान
जिसमें हिम्मत
सिर्फ़ एक भारी शब्द बनकर
सीने पर बैठ जाती है।

जो बिखर चुका है
उसे समेटने का
सब्र भी नहीं।

बहुत कोशिशों के बाद
जब हाथ खाली रह जाते हैं,
तो सवाल ये नहीं होता
कि हार क्यों गए—
सवाल ये होता है
कि अब उठें भी तो कैसे।

मन पसीज जाता है
बिलकुल भीगे काग़ज़ की तरह,
जिस पर लिखी हर उम्मीद
धीरे-धीरे
धुंधली पड़ने लगती है।

बिखरने की बात
अब डराती नहीं,
डर तो इस बात का है
कि बिखरने के बाद
उठने का मन भी
शायद लौटकर न आए।

बहुत कोशिशों के बाद
जब सब समेटने की बारी आती है,
तो उंगलियाँ काँपती हैं
क्योंकि हर टुकड़ा
अपनी कहानी लेकर
हाथ में चुभता है।

समझ नहीं आता
क्या करें, कैसे करें,
क्योंकि हर रास्ता
ख़ुद से होकर गुज़रता है
और ख़ुद से मिलना
आज सबसे मुश्किल काम लगता है।

पर शायद
यही वो जगह है
जहाँ इंसान
ख़ुद से भागना छोड़ता है,
क्योंकि अब
ख़ुद को ढोने की ताक़त भी
नहीं बची।

यहीं कहीं
शुरुआत होती है
कोई बड़ी उम्मीद नहीं,
कोई नारा नहीं,
बस इतना कि
आज टूटे हुए मन से
कोई झूठ नहीं बोला।

क्योंकि सच ये है–
मन जब पूरी तरह थक जाता है,
तो वो हारता नहीं,
वो बस
अब नाटक नहीं कर पाता।
और शायद
यही ईमानदारी
कल की
सबसे पहली
ताक़त बनती है।

14. एक घर, घर से दूर

मैंने एक घर
घर से दूर बनाया है,
ईंटों से नहीं,
आदतों से।

सुबह की चाय
अब खुद बनानी पड़ती है,
पर उबलती केतली की आवाज़ में
कभी–कभी
माँ की फिक्र सुनाई दे जाती है।

यहाँ खिड़की से
कोई नाम लेकर नहीं बुलाता,
पर शाम की हवा
पुराने आँगन की
याद दिला जाती है।

इस घर में
दीवारें नई हैं,
पर थकान पुरानी है,

जो बिना पूछे
कंधों पर बैठ जाती है।

यह घर
मुझसे ज़्यादा सवाल नहीं करता,
न ही जल्दी लौट आने की ज़िद,
बस जब दिन भारी हो जाए
तो चुपचाप
मुझे थाम लेता है।

और रात को
सोते वक़्त
ये घर इतना कह देता है,
तुम ठीक हो,
धीरे चलो,
घर बनते हैं
वक़्त के साथ।

15. कभी हम

दोस्ती का भी अजब दस्तूर है
कुछ रिश्ते टूटते नहीं,
बस वक़्त के हवाले हो जाते

पंद्रह बरस
एक ही वक़्त पर हँसने की आदत में गुज़र गए,
बिना कहे समझ लेने की भाषा
हमने बहुत पहले सीख ली थी।

फिर एक दिन
कोई बड़ा हादसा नहीं हुआ,
बस कुछ अधूरे जुमले थे,
कुछ गलत लहज़े,
और वो "बाद में बात करेंगे"
जो कभी बाद में आया ही नहीं।

अब हाल ये है कि
एक ही शहर में रहते हैं,
मगर ज़िन्दगी के नक़्शे पर
एक-दूसरे से दूर खड़े हैं।

यादें आज भी दोस्त हैं मेरी
वो चाय के ठंडे कप,
रात के बेवजह लंबे फ़ोन,
और वो भरोसा
जो बिना शर्त दिया जाता था।

अजीब है न,
दोस्ती टूटती नहीं...
बस चुप हो जाती है।

और इस चुप्पी में
हम दोनों रोज़ हारते हैं,
क्योंकि झगड़ा किसी से हो
तो जीत-हार समझ आती है,
मगर बिछड़ना उस से
जिसे अपना कहा हो
वो हमेशा बेनाम सा दर्द देता है।

शायद किसी दिन
फिर वही पुरानी हँसी मिल जाए,
या फिर बस इतना ही काफ़ी हो
कि ये जान लें
हम आज भी एक-दूसरे की
कमी में ज़िन्दा हैं।

16. दस मिनट पहले का “हाँ”

शादी का दिन था,
घड़ी ने भी जैसे
थोड़ा रुककर पूछा हो–
“यक़ीन है?”

वो आए,
भीड़ थी, शोर था,
पर सवाल वही पुराना,
सादा-सा, सच्चा-सा–
“Will you marry me?”
बस इस बार
दस मिनट पहले।

उसने “हाँ” कहा,
इतनी सहजता से
जैसे बरसों से
ये जवाब होंठों पर रखा हो।

हाथ मिले,
कोई वादा नहीं,

कोई कसमें नहीं—
बस उँगलियों में
ज़िंदगी का भरोसा।

प्रेम
शोर नहीं करता,
बस साथ बैठ जाता है।

इश्क़ ने देर तो बहुत की,
मगर जब आया,
तो मुक़म्मल आया।

फिर उन्होंने
हाथ थामे,
और भीड़ के बीच
एक-दूसरे के होकर
उन्होंने
हमेशा का साथ
ओढ़ लिया।

क्योंकि कुछ रिश्ते
रस्मों से नहीं,
एक सवाल
और एक "हाँ" से
हमेशा के लिए
पूरे हो जाते हैं।

17. तजुर्बा और ज़ीस्त

कैसा लगता होगा
उन्हें
जिन्होंने अपनी पूरी उम्र
दूसरों को थामने में लगा दी,
अपनी हथेलियाँ
इतनी भर दीं ज़िम्मेदारियों से
कि रेखाएँ तक
खुद की नहीं रहीं।

जब पीछे मुड़कर देखते होंगे,
तो दिखता होगा
एक लंबा रास्ता
जहाँ हर मोड़ पर
किसी और की ज़रूरत खड़ी थी,
और वो
हर बार रुक गए,
यह सोचकर
कि अभी नहीं रुके
तो कोई गिर जाएगा।

कभी माँ-बाप के लिए,
कभी घर के लिए,
कभी रिश्तों की मरम्मत में,
और कभी बस इसलिए
क्योंकि उन्हें “समझदार” होना था।

अब हाथ में
तजुर्बा है
इतना कि किसी और की ज़िन्दगी
आसान की जा सके,
मगर वक़्त नहीं
कि अपनी ही कहानी
फिर से लिखी जा सके।

दिल में
हज़ार सवाल हैं
कि अगर ज़रा-सा
खुद के लिए जी लेते,
तो क्या सच में
दुनिया बिखर जाती?
या बस
कुछ लोग नाराज़ होते?

सच ये है
ज़िन्दगी तालियाँ नहीं देती
उनको
जो हर वक़्त सहारा बनते हैं,

क्योंकि सहारा
नज़र नहीं आता,
बस उसकी कमी
महसूस होती है।

और तजुर्बा?
वो धीरे-धीरे
एक बोझ बन जाता है,
जब समझ आ जाए
कि उसे इस्तेमाल करने के लिए
ज़िन्दगी ही
अब कम पड़ रही है।

फिर भी
शायद सबसे बड़ा दर्द ये नहीं
कि उन्होंने अपने लिए कम जिया,
बल्कि ये है
कि अब जब जीना चाहते हैं,
तो आदत नहीं रही
खुद को
पहली जगह पर रखने की।

18. जो पीछे रह जाता है

अलविदा कहते हुए
किसे मुड़कर देखते हो?

उसे,
जो हाथ हिलाता है
पर आवाज़ नहीं देता,
क्योंकि कुछ रिश्ते
शब्दों से ज़्यादा
ख़ामोशी में टिके रहते हैं।

या उसे,
जो मुस्कुरा रहा है,
ताकि तुम्हें न लगे
कि जाना
किसी को तोड़ रहा है।

अलविदा के वक़्त
आँखें भारी नहीं होतीं,
बस मन
थोड़ा असहाय हो जाता है

जैसे सब कुछ कहकर भी
कुछ रह गया हो।

ये विदा
कोई मुलायम पल नहीं,
ये वो सच है
जहाँ हिम्मत
आँसू बनने से मना कर देती है।

हम पलटकर देखते हैं
क्योंकि जाना आसान है,
पर छोड़ देना नहीं।

क्योंकि हर अलविदा में
एक अधूरा वाक्य होता है
जो न कहा जाता है,
न भुलाया जाता है।

और जब कदम आगे बढ़ जाते हैं,
तो दिल
अब भी पीछे खड़ा रहता है
पूछता हुआ
“क्या सच में
यही आख़िरी था?”

19. हौसला, बिना शोर

आपको बस
एक इंसान चाहिए
जो भीड़ में
आपकी तरफ़ खड़ा हो।

जो तालियाँ न बजाए,
पर गिरते वक़्त
आपकी कलाई थाम ले।

एक ऐसा शख़्स
जो सलाह न दे,
बस कह दे
“कर लो,
मैं यहीं हूँ।”

हौसले
नारों से नहीं आते,
वो एक आवाज़ से आते हैं
जो डर के बीच
साफ़ सुनाई दे।

जब कोई
आप पर भरोसा कर लेता है,
तो आप
ख़ुद से बहस करना
छोड़ देते हैं।

फिर देखिए
आप थकते हैं,
टूटते हैं,
पर रुकते नहीं।

क्योंकि कंधे पर रखा
एक हाथ
कभी–कभी
पूरी दुनिया से
भारी पड़ जाता है।

और तब समझ आता है
आपको ज़्यादा लोग नहीं चाहिए,
बस एक चाहिए,
जो कह सके
"हारना बाद में,
पहले चलो।"

20. दो शब्द काफ़ी हैं

तारीफ़ कोई मिठास नहीं,
ये ज़िम्मेदारी है।

अगर किसी का काम
दिल को भा जाए,
तो उसे कह देना भी
इबादत से कम नहीं।

कि ऐब गिनाने वाले
तो हर महफ़िल में मिलेंगे,
मगर हुनर को
हुनर कहने का
हौसला
सब में कहाँ।

तारीफ़ करना
किरदार की निशानी है,
वरना बुराई
तो हर ज़ुबान को
आसान लगती है।

दो अच्छे लफ़्ज़
कभी–कभी
उम्र भर की थकान
उतार देते हैं,
और हम
बस ख़ामोश रह जाते हैं
ये सोचकर कि
कहने से क्या होगा।

मगर सच ये है
कि कहा गया अच्छा
किसी का
आगे बढ़ने का
सबब बन जाता है।

तो अगर पसंद आए
किसी का काम,
तो उसे कह दीजिए–
क्योंकि
तोड़ने वाले बहुत हैं,
और सँवारने वाले
बहुत कम।

21. धैर्य

वो नहीं जो सब कुछ तुरंत पाना चाहे,
वो नहीं जो हर ठोकर से गिर जाए।

धैर्य वो है,
जो चुपचाप बारिश में भीगता है,
पर अपनी जड़ों को मजबूती देता है।

जो समय की कड़वाहट को निगलता है,
और उम्मीद की मिठास को पचाता है।

जो खामोशी में भी सीखता है,
जो टूटकर भी खुद को जोड़ता है,
और हर धूल-भरे रास्ते पर
सपने का दीप जलाए रखता है।

धैर्य सिर्फ़ इंतजार नहीं,
ये अपने भीतर की आग को बुझाए बिना
अंधेरों में भी चलने की कला है।

www.ingramcontent.com/pod-product-compliance
Lightning Source LLC
Chambersburg PA
CBHW070647240926
51846CB00003BA/820
* 9 7 8 9 3 7 5 1 0 5 4 3 5 *